LE
RÉGIME DU CULTE CATHOLIQUE

ANTÉRIEUR A LA LOI DE SÉPARATION

ET LES CAUSES JURIDIQUES DE LA SÉPARATION

Conférence faite à l'Ecole des Hautes-Etudes sociales, le 13 mars 1907

Par Léon DUGUIT

PROFESSEUR DE DROIT A L'UNIVERSITÉ DE BORDEAUX

LIBRAIRIE

DE LA SOCIÉTÉ DU RECUEIL J.-B. SIREY ET DU JOURNAL DU PALAIS

Ancienne Maison L. LAROSE & FORCEL

22, Rue Soufflot, PARIS, 5e Arrt.

L. LAROSE & L. TENIN, Directeurs

1907

LE

RÉGIME DU CULTE CATHOLIQUE

ANTÉRIEUR A LA LOI DE SÉPARATION

ET LES CAUSES JURIDIQUES DE LA SÉPARATION

Conférence faite à l'Ecole des Hautes-Etudes sociales, le 13 mars 1907

Par Léon DUGUIT

PROFESSEUR DE DROIT A L'UNIVERSITÉ DE BORDEAUX

LIBRAIRIE
DE LA SOCIÉTÉ DU RECUEIL J.-B. SIREY ET DU JOURNAL DU PALAIS
Ancienne Maison L. LAROSE & FORCEL
22, Rue Soufflot, PARIS, 5e Arrt.
L. LAROSE & L. TENIN, Directeurs
1907

DU MÊME AUTEUR

La séparation des pouvoirs et l'assemblée nationale de 1791,
1894, 1 vol. in-8 (épuisé).

**Les constitutions et les principales lois politiques de la France
depuis 1789,** collationnées sur les textes officiels, précédées de notices
historiques et suivies d'une table analytique détaillée, 1898, 1 vol. in-18
(épuisé). 2e édit. sous presse.

L'Etat, le droit objectif et la loi positive, 1901, 1 vol. in-8.   **10**   »

L'Etat, les gouvernants et les agents, 1903, 1 vol. in-8 . . .   **10**   »

Manuel de droit public français : Droit constitutionnel. — Théorie générale de l'Etat. Organisation politique, 1907, 1 vol. in-16. .   **8**   »

LE

RÉGIME DU CULTE CATHOLIQUE

ANTÉRIEUR A LA LOI DE SÉPARATION

ET LES CAUSES JURIDIQUES DE LA SÉPARATION

Mesdames,
Messieurs,

Assurément, il ne sied point au sociologue de faire
le prophète. En général, c'est un assez sot et dange-
reux métier. Tout de même, je crois bien qu'on ne se
trompe pas en disant qu'à l'historien de l'avenir le
9 décembre 1906 apparaîtra comme une grande date
de l'histoire de France. Non point que ce jour marque,
comme on le dit habituellement, la rupture complète
de l'union plusieurs fois séculaire de l'église catholique romaine et de l'Etat français. Le régime politique

et social né de cette union a un trop long passé; il a implanté trop profondément ses racines dans le sol français, pour qu'il puisse disparaître totalement en un jour par la publication d'un texte de loi au *Journal officiel*. Mais cette date du 9 décembre 1906 est le commencement d'une période d'incertitudes et de tâtonnements, de discordes et de luttes, et peut-être même de violences matérielles, dont on ne peut en ce moment mesurer la durée, mais dont, je ne peux me tenir de le croire, l'aboutissement sera un régime d'équilibre stable dans lequel la religion, chose de conscience privée, sera devenue tout à fait étrangère à la vie politique du pays, tous les croyants pouvant pratiquer librement le culte de leur foi sous la protection d'un Etat impartial et neutre.

Comme pour tous les grands faits historiques, les causes de la transformation qui s'accomplit sous nos yeux sont multiples et complexes, et les véritables sont celles que l'on aperçoit le moins aisément. Sans doute, il n'est pas de politicien de village, de journaliste de sous-préfecture qui n'ait dénoncé le péril clérical, les imprudences des prélats et des curés s'inféodant aux anciens partis, l'attitude du clergé séculier et régulier dans une affaire célèbre, l'intolérance d'un pape étranger aux habiletés de la diplomatie, la manière un peu rude d'un président du conseil, la rupture des relations diplomatiques du gouvernement français et du Saint-Siège après le voyage du président de la république à Rome et les incidents de Dijon et de Laval. On a vu dans tout cela les causes de la séparation.

Il ne vous échappe pas que ce ne sont là, en réalité,

que des faits contingents, qui ont peut-être précipité les événements, mais que la cause véritable, nécessaire, profonde de la séparation, est ailleurs. Il la faut chercher, à mon sens, sans doute dans la structure de l'Etat moderne, dans ses tendances et ses principes, mais surtout dans la structure juridique de l'église catholique romaine, dans la loi interne de son développement historique, je veux dire dans la contradiction irrémédiable existant entre les éléments essentiels du régime concordataire et la constitution interne de l'église romaine.

Trois éléments caractérisaient le régime concordataire : 1º La religion catholique était la religion officielle de l'Etat français; 2º L'église catholique française, tout en restant unie à l'église catholique universelle dont le chef est le pontife romain, formait une église nationale, au gouvernement de laquelle était directement associée l'autorité civile; elle était l'église gallicane; 3º Le culte catholique était un service public de l'Etat français.

Or, d'une part, l'Etat moderne qui a proclamé la liberté de conscience, l'égalité et la liberté du culte et sa neutralité en matière religieuse ne peut pas logiquement reconnaître une religion officielle et assurer le fonctionnement d'un culte comme service public. Et, d'autre part, la proclamation en 1870 du dogme de l'infaillibilité pontificale, qui a été la condamnation expresse du gallicanisme, a marqué le triomphe de l'effort séculaire de la papauté pour faire de l'église une grande société puissamment centralisée, pour concentrer tous les pouvoirs entre les mains de l'évêque de Rome, pour écarter du gouvernement de l'église toute autorité indépendante de lui et supprimer toutes les églises nationales.

S'il en est ainsi, la séparation de l'église catholique et de l'Etat français est un fait nécessaire, que les événements ont peut-être précipité, mais qui, un peu plus tôt, un peu plus tard, devait fatalement s'accomplir.

I

Les trois éléments qui constituaient l'essence du régime concordataire n'ont point été créés de toutes pièces en 1802. Ils sont le produit d'une longue évolution, dont quatre grands faits historiques marquent les principales étapes : l'avènement de Clément V, le premier pape d'Avignon, la Pragmatique de Charles VII, le Concordat de Bologne, la Déclaration de 1682.

Dès le moment où par l'énergie des premiers Capétiens l'Etat français a été constitué, il s'est trouvé en présence des deux grandes puissances du moyen-âge, « ces deux moitiés de Dieu », le pape et l'empereur. A l'un et à l'autre nos vieux légistes ont dit : « Le roi de France ne tient son royaume que de Dieu et de son épée. Le roi de France est empereur dans son royaume ».

La victoire de Bouvines, le prestige de saint Louis, le rôle prépondérant que la France joua dans les croisades suffirent à assurer l'indépendance du roi de France à l'égard de l'empereur. Avec le pape, le conflit éclate au temps de Philippe le Bel. Aux bulles *Ausculta fili* (1301), et *Unam sanctam* (1302), dans laquelle Boniface VIII déclare que le « glaive spirituel et que le glaive temporel appartiennent à l'église, que le glaive temporel est dans la main des rois, mais que les rois ne peuvent s'en servir que pour l'église, selon la volonté du pape », Philippe le Bel répond en adhérant aux requêtes de Nogaret, déclarant « qu'il appartient au roi de prendre la défense de notre sainte mère l'église, de la foi catholique et des prélats qui sont les colonnes de la foi, et de travailler à la réunion d'un concile général ». Voilà donc dès 1302 le roi de France qui se pose comme *patron* de l'église contre le pape lui-même. Ce patronage, tous les rois de France vont le revendiquer, et, en 1802, le premier consul en héritera.

Après l'attentat d'Agnani, la mort de Boniface VIII, le court pontificat de Benoît XI, Bertrand de Got est élu pape ; il prend le nom de Clément V et transporte à Avignon le siège de la papauté. Le triomphe du roi de France était complet. Par la bulle *Rex gloria* (1311) Clément V déclare que tout « ce que le roi a fait, il l'a fait pour la défense de l'église, comme champion de la foi ».

Quand après les victoires de Jeanne Darc, la monarchie française est redevenue maîtresse de ses destinées, le roi prend en main les revendications formulées par le clergé français contre Rome, particulièrement en 1407, 1408 et 1418, revendications des libertés gallicanes. Le mot n'existe pas encore ; mais c'est bien la chose, la suprématie du concile sur le pape, le rétablissement des élections canoniques, la réduction des charges, la suppression des commendes et du cumul des bénéfices. Les hommes les plus éclairés du clergé de France rappellent au roi que lui aussi est membre de l'église. « Vous n'êtes pas seulement personne laïque, écrit Jouvenel des Ursins à Charles VII, mais prélat ecclésiastique, le premier de votre royaume qui soit après le pape, le bras dextre de l'église ». La vieille théorie du roi prélat, qui remonte au sacre des princes carolingiens, qui n'a jamais été oubliée, reparaît au xve siècle avec toute sa force. Le roi de France est ainsi le patron d'une grande église nationale, dont il a le pouvoir et le devoir de régler la discipline. Il le fait par l'acte célèbre de 1438, la *Pragmatique sanction* de Bourges, acte unilatéral par lequel Charles VII, à son double titre de prince laïque et de chef de l'église nationale, fixe le régime de cette église.

Le préambule mériterait d'être cité en entier ; j'en retiens seulement ceci : « La divine providence..., par laquelle les rois règnent et possèdent le gouvernement des choses publiques, a ordonné la puissance royale sur la terre, entre toutes choses, pour qu'elle protège et conserve la sainte église fondée par le précieux sang du Christ et ses ministres... ». Parmi les dispositions de la Pragmatique, très longues et très minutieuses, je signale uniquement celles qui consacrent la doctrine des conciles de Constance et de Bâle sur la supériorité des conciles en matière de foi et de discipline et la convocation obligatoire d'un concile œcuménique tous les trois ans.

Les succès de sa politique permettent à Charles VII de maintenir la Pragmatique malgré les réclamations des papes. Cependant, la situation faite par elle à l'église de France ne pouvait être un régime définitif. Sans doute l'autonomie de l'église gallicane avait été trop nettement affirmée pour qu'elle fût abandonnée, la Pragmatique avait trop de prestige auprès du clergé,

de l'Université, des Parlements pour que ses principes
pussent être effacés. Mais cependant, si l'on ne vou-
lait pas constituer une église schismatique, il fallait
bien reconnaître le lien qui devait réunir l'église gallicane au pontificat romain. Il n'y avait point d'autre
moyen de résoudre la difficulté que de signer avec
Rome un traité, où serait reconnues d'une part les franchises de l'église gallicane et d'autre part la suprématie romaine. Ainsi, dès son origine, le régime concordataire nous apparaît avec son vrai caractère,
produit de l'évolution historique de laquelle il est
sorti ; il n'est autre chose qu'un expédient pour concilier le régime d'une église nationale, d'une église
d'État, dont le chef est le roi de France, avec l'unité
catholique et la suprématie de l'église romaine. La
cause occasionnelle du concordat de Bologne fut
sans doute le désir de François Ier de s'assurer l'ap-
pui du pape dans sa politique italienne. Mais cela
est sans conséquence sur le caractère du régime
établi.

La Pragmatique est révoquée ; mais, pour les bénéfices *consistoriaux*, le roi acquiert le droit de nomination, le pape n'a que l'institution. Aux bénéfices *collatifs*, cures, prébendes, les archevêques, évêques et
abbés nomment librement. Le roi de France est ainsi
associé au gouvernement de l'église en sa qualité de
patron de l'église de France et deux des caractères du
régime concordataire moderne apparaissent nettement : la religion catholique est la religion du roi de
France ; l'église de France, tout en restant unie à
Rome, est une église nationale au gouvernement de
laquelle le roi est directement associé.

L'acte de 1516 règle la situation de l'église de France jusqu'à la Révolution. Cependant, les privilèges et libertés de l'église gallicane vont s'étendre et se préciser en même temps, à la fin du xvi⁰ siècle et pendant le xvii⁰ siècle. Mais la rançon de cette autonomie sera l'écrasement du protestantisme français. L'église catholique française est église d'Etat; par conséquent, il faut la défendre à la fois contre les églises rivales et contre les prétentions centralisatrices du Saint-Siège. C'est pourquoi, au moment où la monarchie française atteint son apogée avec Louis XIV, nous trouvons deux actes qui, produits par les mêmes causes, poursuivent le même but, la révocation de l'Edit de Nantes (1685) et la Déclaration des *quatre articles* (1682).

C'est, on le sait, à l'occasion des difficultés nées entre le gouvernement français et le Saint-Siège relativement à la régale que se réunit au mois de novembre 1681 l'assemblée du clergé de France, qui devait rédiger les *quatre articles*, sous l'inspiration des conseillers de Louis XIV, particulièrement de Colbert et avec l'active collaboration de Bossuet.

La Déclaration de 1682 est comme le *credo* de l'église gallicane. On y reconnaît bien, dans le préambule, « la primauté de saint Pierre et des pontifes romains ses successeurs, instituée par Jésus-Christ... » Mais la Déclaration est avant tout la condamnation de ceux qui « s'efforcent de ruiner les décrets de l'église gallicane et ses libertés, que nos ancêtres ont soutenues avec tant de zèle, et de renverser leurs fondements, appuyés sur les saints canons et sur la tradition des pères ». A l'article 1 on affirme solennellement « que saint Pierre et ses successeurs, vicaires de Jésus-Christ et que toute l'église même, n'ont reçu de puissance de Dieu que sur les choses spirituelles et qui concernent le salut, et non point sur les choses temporelles et civiles... ». Il est dit à l'article 2 que « les décrets du saint concile œcuménique de Constance, contenus dans les sessions IV et V, approuvés par le Saint-Siège apostolique, confirmés par la pratique de toute l'église et des pontifes romains et observés religieusement dans tous les temps par l'église gallicane, *demeurent dans leur force et vertu* ». Par ces décrets, le concile de Constance décidait que le « synode assemblé légitimement par l'ordre du Saint-Esprit, *faisant le concile général* et représentant l'église catholique et militante, tenait son pouvoir *immédiatement* de Jésus-Christ, auquel chacun, de quelque état et dignité qu'il fût, *même pape*, devait obéir en ce qui concerne la foi » et prononçait une peine canonique « contre quiconque, de quelque condition ou dignité qu'il fût, même *papale*, qui aurait la présomption et l'opiniâtreté de ne pas vouloir obéir aux ordonnances et commandements... de quelque concile général ».

Citons enfin et retenons l'art. 4 de la Déclaration, dont les termes seront repris et expressément condamnés par le décret du Vatican en 1870 : « Quoique le pape ait la principale part dans les questions de foi, et que ses décrets regardent toutes les églises et chaque église en particulier, son jugement n'est pourtant pas irréformable, *à moins que le consentement de l'église n'intervienne* ». Ainsi, l'on affirmait nettement, suivant la tradition gallicane et les canons de Constance, la supériorité du concile œcuménique sur le pape et l'on repoussait l'infaillibilité pontificale même en matière de foi (¹).

II

En même temps que l'acte de 1682 marquait l'apogée du système, apparaissaient les premiers symptômes de décomposition. Sans doute, la Déclaration fut enregistrée en Parlement ; sans doute un édit de 1682 en avait prescrit l'enseignement dans tous les collèges. Le roi s'obstinait à ne choisir les évêques que parmi ceux qui avaient adhéré à la Déclaration et le pape à ne pas les instituer. Et cependant finalement l'avantage resta au Saint-Siège. Personnellement Louis XIV, à cause des irrégularités de sa vie privée, avait besoin de le ménager et c'est avec l'assentiment du gouvernement français que la bulle *Unigenitus* de Clément XI en 1713 condamne les Jansénistes. Elle devient l'objet des controverses entre ultramontains et gallicans pendant tout le xviiiᵉ siècle. En provoquant, ou du moins en acceptant et en faisant appliquer l'acte célèbre, le gouvernement français avait fourni une arme dangereuse au Saint-Siège en faveur de l'infaillibilité. C'était un abandon des principes gallicans ; la liberté de l'église nationale en recevait

(¹) Dans les citations de la Déclaration de 1682, nous avons suivi la traduction de Mgr Frayssinous, *Les vrais principes de l'église gallicane*, p. 49 et suiv. — V. les principaux textes relatifs aux libertés de l'église gallicane, t. III et IV des *Libertés de l'église gallicane*, de Durand de Maillane, 1771, et notamment le rapport de Mgr de Choiseul, évêque de Tournay, conféré avec la *Défense de la Déclaration*, de Bossuet, IV, p. 343 et suiv.

une atteinte que ne suffisait pas à compenser l'expulsion des Jésuites par l'édit de 1764 et l'abolition de l'ordre par Clément XIV en 1773.

Aussi bien, à la fin de l'ancien régime, le système concordataire existe avec ses éléments essentiels : religion d'État, église nationale. L'Assemblée constituante de 1789 proclame la liberté de conscience et la liberté des cultes ([1]). Seulement elle ne voit pas que la liberté religieuse ne peut véritablement exister que dans un État neutre et que, dès lors, elle n'a point à s'occuper de réglementer la discipline intérieure de l'église catholique de France. Mais la plupart des constituants sont des gallicans et des monarchistes ; ils vont faire ce qu'ont fait les ministres gallicans de la monarchie. La Constituante ne fait pas autre chose que ce qu'ont fait les rois très chrétiens Charles VII et Louis XIV : organiser l'église catholique nationale ou église gallicane. Par là on comprend et la raison pourquoi fut votée la Constitution civile du clergé en 1790 et les dispositions qu'elle édicte (12 juillet 1790).

Il serait intéressant, si le temps le permettait, d'analyser les articles de la Constitution civile et de les comparer avec ceux de la Pragmatique de Charles VII. On notera seulement que les évêques et les curés sont élus suivant les mêmes formes que les administrateurs de départements et de districts, que l'évêque n'a point à demander la confirmation du Saint-Siège, mais seulement doit écrire au pape « comme au chef visible de l'église universelle, en témoignage de l'unité de foi et de la communion qu'il doit entretenir avec lui »

______

([1]) Déclaration des droits, 1789, art. 10 ; Const. 1791, tit. I, § 2.

(tit. II, art. 18), et qu'enfin évêques et curés doivent
prêter serment « d'être fidèles à la nation, à la loi et
au roi et de maintenir de tout leur pouvoir la constitution décrétée par l'Assemblée nationale et acceptée
par le roi » (tit. II, art. 21 et 38).

Après d'assez longues hésitations, le pape Pie VI,
par un bref du 13 avril 1791, déclare la loi *portant
constitution civile du clergé de France* hérétique et
schismatique, frappe de nullité toutes les élections
qui auraient été faites et donne quarante jours aux
prêtres qui auraient prêté serment pour se rétracter.
Et cependant, à tout prendre, si la Constitution civile était hérétique et schismatique, la Pragmatique
et la Déclaration de 1682 l'étaient aussi. Mais, pendant
le cours du xviiie siècle, la doctrine de l'infaillibilité
papale a fait de notables progrès; et le pape n'est plus
en présence du roi très chrétien, protecteur de l'église,
mais d'une assemblée nationale qui vient de procla-
mer la souveraineté du peuple, la liberté de conscience,
la liberté et l'égalité des cultes.

Si, par la Constitution civile, l'Assemblée de 1789
ne faisait que continuer la politique gallicane des rois,
sur un autre point elle introduisait une innovation
profonde dans le régime de l'église de France. Le
principe de l'égalité étant proclamé par le décret du
4 août et par la Déclaration des droits, le clergé ces-
sait d'être un ordre de la nation. Le 2 novembre 1789
tous les biens ecclésiastiques étaient mis à la disposition de la nation, à la charge par elle d'assurer l'entretien des ministres du culte; un minimum de
1.200 livres était fixé pour le traitement de chaque
curé. Ainsi les ministres du culte devenaient des fonc-

tionnaires de l'Etat français et s'ébauchait le troisième élément du régime concordataire moderne, l'organisation du culte catholique en service public.

Le lieu n'est pas ici d'indiquer les nombreux décrets portés contre les *insermentés*, ni de raconter les tentatives mort-nées de Chaumette et de Robespierre pour instituer un culte officiel. La logique des choses conduit la Révolution à la conséquence nécessaire des principes de liberté de conscience et de liberté des cultes, à un régime complet de séparation, réglementé par la loi du 7 vendémiaire an IV et qui subsiste jusqu'au concordat napoléonien (¹).

III

Le 18 germinal an X étaient promulgués en français le texte d'une convention rédigée en latin et conclue entre le pape Pie VII et le gouvernement français, et aussi les *Articles organiques* de cette convention. Ce sont ces deux actes qui ont réglé le régime du culte catholique en France jusqu'au 9 décembre 1906.

Les historiens catholiques, particulièrement M. Chénon (²) et le cardinal Mathieu, attribuent la conclusion du Concordat à la volonté et à l'action personnelle de Napoléon. Mgr Mathieu voit là un fait absolument providentiel (³). Que le premier consul ait

(¹) Cf. Aulard, *Histoire politique de la Révolution*, 1901, p. 466, 532, 649 et 661; Mathiez, *Histoire religieuse de la Révolution*, 1907, p. 201 et s.

(²) *Les rapports de l'église et de l'Etat, du Iᵉʳ au XXᵉ siècle*, conférences faites au *Sillon* de Paris, 1904, p. 179.

(³) *Le Concordat de 1801*, 1903, p. 323.

vu dans une religion d'Etat, comme dans le monopole de l'enseignement, un puissant moyen de gouvernement, cela n'est point douteux. Mais quelque forte que fût sa volonté, elle n'aurait jamais été assez puissante pour imposer au pays le régime concordataire, s'il n'avait été dans la logique des événements.

Toute l'histoire, il y a longtemps qu'on l'a dit, est faite d'actions et de réactions. La période du Consulat et de l'Empire est essentiellement une réaction contre le mouvement révolutionnaire, et au point de vue politique un retour à l'ancien régime, bien entendu dans les limites du possible, sans celles des institutions d'autrefois abolies sans retour, et avec certains principes nouveaux définitivement acquis au patrimoine de la France nouvelle. C'est, avec des noms nouveaux, le rétablissement de la monarchie absolue, le retour à la centralisation administrative qu'ont créée Richelieu et Louis XIV ; c'est enfin, conformément à la logique du système, la restauration de la religion catholique comme religion d'Etat, la restauration de l'église de France comme église nationale ou gallicane, sous le patronage du premier consul, et tout cela avec un élément nouveau né de la Révolution, l'organisation du culte catholique en service public.

Au reste, si l'on veut comprendre les caractères du régime établi en 1802, il ne faut point séparer les Articles organiques du Concordat proprement dit. Sans doute celui-ci est une convention diplomatique, et ceux-là un acte unilatéral de l'Etat français, comme la Pragmatique et la Déclaration de 1682. Sans doute Pie VII a protesté contre la duplicité de Bonaparte au Consistoire du 24 mai 1802, et réclamé plusieurs fois le retrait des Organiques. Mais le Saint-Siège n'a rien obtenu ni de Napoléon ni des gouvernements qui lui ont succédé, et la loi de germinal est restée appliquée dans la plupart de ses dispositions jusqu'en 1906.

Que la pensée du gouvernement consulaire ait bien été de rétablir l'ancien régime du culte catholique, la religion officielle et l'église gallicane et de constituer en outre le culte en service public, c'est ce que démontrent surabondamment les curieux rapports de Portalis au corps législatif et au conseil d'Etat. Je me borne à en lire quelques passages très courts.

Au corps législatif, Portalis disait notamment : « La religion catholique est celle de la majorité des Français. Abandonner un ressort aussi puissant, c'était avertir le premier ambitieux ou le premier brouillon qui voudrait de nouveau agiter la France, de s'en emparer et de le diriger contre sa patrie... Un Etat n'a qu'une autorité précaire quand il a dans son territoire des hommes qui exercent une grande influence sur les esprits et les consciences, sans que ces hommes lui appartiennent au moins sous quelque rapport. L'autorisation d'un culte suppose nécessairement l'examen des conditions suivant lesquelles ceux qui le professent se lient à la société et suivant lesquelles la société promet de l'autoriser. La tranquillité publique n'est point assurée si on néglige de savoir ce que sont les ministres du culte, ce qui les caractérise, ce qui les distingue des simples citoyens et ministres des autres cultes, si on ignore sous quelle discipline ils entendent vivre et quels règlements ils promettent d'observer. L'Etat est menacé si ces règlements peuvent être faits ou changés sans son concours, s'il demeure étranger ou indifférent à la forme et à la constitution du gouvernement qui se propose de régir les âmes et *s'il n'a dans des supérieurs légalement connus et avoués des garants de la fidélité des inférieurs* ». Dans le rapport au conseil d'Etat sur les Articles organiques, Portalis écrivait : « Tout gouvernement exerce deux sortes de pouvoirs en matière religieuse : celui qui compète essentiellement au magistrat politique en tout ce qui intéresse la société et *celui de protecteur de la religion elle-même*. Par le premier 'e ces pouvoirs, le gouvernement est en droit de réprimer toute entreprise sur la *temporalité* et d'empêcher que sous des prétextes religieux on ne puisse troubler la police et la tranquillité de l'Etat. Par le second il est chargé de faire jouir les citoyens des biens spirituels qui leur sont garantis par la loi portant autorisation du culte qu'ils professent... Les Articles organiques consacrent toutes ces grandes vérités qui sont le fondement de tout ordre public et *indiquent toutes les précautions que la sagesse de nos pères avait prises pour en conserver le précieux dépôt*. L'unité de la puissance publique et son universalité sont une conséquence nécessaire de son indépendance. La puissance publique doit se suffire à elle-même : elle n'est rien si elle n'est tout. Les ministres de la religion ne doivent point avoir la prétention de la partager et de la limiter ».

Ainsi le régime du culte catholique organisé en 1802 apparaît bien avec les trois caractères indiqués dans les trois propositions formulées au début de cette conférence. Il me reste à en montrer les principales applications.

IV

1° *La religion catholique était religion de l'État français*. — Je veux dire qu'en régime concordataire la religion catholique était religion officielle du gouvernement français, du chef de l'Etat, consul, empereur, roi, président de la république, qui personnifie le gouvernement. Sans doute on n'ose pas le dire expressément; on prend des détours. Dans le préambule du Concordat, il est dit que le « gouvernement de la République française reconnaît que la religion catholique, apostolique et romaine est la religion de la grande majorité des citoyens français ». La même formule se trouve à l'art. 6 de la Charte de 1830. Mais la formule seule exacte est celle de la Charte de 1814, qui exprime la doctrine traditionnelle. Après le rappel, dans l'art. 5, du principe de la liberté des cultes, il est dit à l'art. 6 : « Cependant la religion catholique, apostolique et romaine est la religion de l'Etat ».

D'ailleurs, en y regardant de près, on s'aperçoit que le concordat et les Organiques font bien du catholicisme la religion officielle de l'Etat français. Au § 2 du préambule du Concordat, on lit : « Sa Sainteté reconnaît que cette même religion a retiré et attend le plus grand éclat de l'établissement du culte catholique en France et *de la profession particulière qu'en font les consuls de la République française* ». L'art. 8 oblige le clergé à dire à la fin du service divin une certaine prière, dont la formule est déterminée, pour la république et pour les consuls. D'après l'art. 47 des Organiques il doit y avoir dans les églises une place réservée pour les individus catholiques, autorités civiles et militaires.

S'inspirant du même principe, le décret du 24 messidor an XII, qui règle les préséances, donne aux ministres des cultes un certain rang et fixe les honneurs civils et militaires qui sont dus au Saint-Sacrement, disposition inexplicable si la religion catholique n'était pas religion officielle.

Il convient enfin de noter le curieux article 17 du Concordat que je suis étonné qu'on n'ait pas cité plus souvent : « Il est convenu entre les parties contractantes que dans le cas où quelqu'un des successeurs du premier consul actuel ne serait pas catholique, les droits et prérogatives mentionnés dans l'article ci-dessus et la nomination aux évêchés seront réglés par rapport à lui, par une nouvelle convention ». En insérant dans la convention cet article, l'église était logique avec elle-même. Elle reconnaissait au chef de l'Etat français des droits de *patronage*, le droit de nomination aux évêchés, « les droits et les prérogatives, disait l'art. 16, dont jouissait l'ancien gouvernement ». Or, ces droits de *patronage*, cette qualité de *patron* d'une église, impliquant le droit de nomination, l'église ne les avait jamais reconnus qu'aux princes catholiques. Elle devait donc insérer dans le traité une clause résolutoire pour le cas où le chef de l'Etat ne professerait pas la religion catholique, et la formule était assez générale pour viser non seulement le chef de l'Etat professant une religion autre que le catholicisme, mais aussi celui qui, quoique baptisé, en fait n'aurait aucune religion.

Si la clause était logique au regard du Saint-Siège,

elle l'était beaucoup moins au regard du gouvernement français. Le Concordat, traité signé par le gouvernement, promulgué en France, devenu loi de l'État, sera résilié si le chef de cet État n'est plus un catholique, et cela dans un pays où l'on a proclamé la liberté de conscience, l'égalité et la liberté des cultes. Mais à lui seul cet article 17 contenait le germe de la séparation !

V

2° *L'église catholique française restait unie à l'église catholique universelle dont le chef est le pontife romain ; mais elle était une église nationale à l'administration de laquelle était directement associé le gouvernement.* — C'est là le caractère particulièrement représentatif du régime, le Concordat n'étant à tout prendre que l'expédient inventé pour concilier le rattachement de l'église de France à l'église universelle avec son autonomie et les droits de patronage sur elle prétendus par le gouvernement français. L'union avec l'église universelle, elle est reconnue par le fait même du traité. Les droits de patronage et d'administration sont expressément attribués au gouvernement français par l'art. 1 : « Le culte sera public *en se conformant aux règlements de police que le gouvernement jugera nécessaires pour la tranquillité publique* », et par l'art. 16 reconnaissant au premier consul « *les droits et prérogatives appartenant aux rois de France* ».

Les droits de patronage les plus importants sont précisés, et le premier de tous, c'est de nommer les titulaires des évêchés, sauf pour l'ecclésiastique nommé à obtenir du pape l'institution canonique (art. 4 et 5). C'est le droit de nomination aux bénéfices *consistoriaux* reconnu au roi par le Concordat de Bologne. Il n'est personne qui ne connaisse la controverse que ces textes ont soulevée et qui durait encore à la veille de la séparation. Y avait-il pour le gouvernement français un véritable droit de nomination, ou seulement un droit de présentation, et la bulle d'institution canonique devait-elle porter : « *Nominavit* » ou « *Nobis nominavit* »?

De fait, la controverse n'avait guère d'intérêt pratique, parce que, quelque solution que l'on donnât, l'évêque ne pouvait évidemment exercer son ministère que lorsque les deux puissances y avaient donné leur consentement. Mais les querelles de mots ont eu dans l'histoire une importance qu'on ne saurait méconnaître. Quand l'église et le gouvernement entretenaient des relations cordiales, on ne soulevait point la question. Mais, dès que les rapports devenaient tendus, l'éternelle question du *nobis nominavit* reparaissait !

Je crois bien que théoriquement le gouvernement français avait plus qu'un droit de présentation, et véritablement un droit de nomination. C'était l'ancien droit de patronage du roi de France, qui impliquait véritable nomination. Il avait remplacé depuis 1516 l'élection épiscopale en France ; or l'élection valait nomination, sauf bien entendu pour l'élu à obtenir l'institution canonique. Je puis, au reste, invoquer l'autorité du cardinal Mathieu qui écrit : « Le privilège (du gouvernement français) était le droit de patronage. Le pape et les évêques seuls ont le droit de conférer les pouvoirs spirituels et les emplois ecclésiastiques ;

mais ils peuvent abandonner à d'autres le choix des personnes qui en seront investies » (¹).

Le Concordat (art. 10) réglait le mode de nomination aux cures correspondant un peu aux anciens bénéfices *collatifs*. Les évêques nomment aux cures; mais leur choix ne peut porter que sur des personnes agréées par le gouvernement. Les curés sont inamovibles. Des desservants, c'est-à-dire des curés de toutes les paroisses non érigées en cures, et des vicaires il n'est point question dans le Concordat. Mais l'art. 31 des Organiques en donne la nomination sans restriction aux évêques ; ils sont entièrement amovibles ; l'évêque peut les déplacer et les révoquer à son gré.

Ainsi des évêques nommés par le gouvernement, des curés agréés par lui, des desservants et des vicaires nommés par l'évêque, nommé lui-même par le gouvernement, voilà bien une hiérarchie administrative ecclésiastique, qui cadre admirablement avec la hiérarchie laïque instituée par les lois de l'an VIII. Cette église de France est fortement centralisée comme toutes les institutions consulaires ; et c'est une église d'Etat, une église nationale, puisque le chef de cette hiérarchie est le chef de l'Etat français.

Cette église nationale, elle a, dans ses rapports avec Rome, toutes les anciennes prérogatives qualifiées de libertés gallicanes. La Déclaration de 1682, qui les formule, doit être enseignée dans tous les séminaires et « ceux qui seront choisis pour l'enseignement dans les séminaires souscriront la Déclaration faite par le clergé de France en 1682 et se soumettront à y

______

(¹) *Le Concordat de 1801*, p. 101.

enseigner la doctrine qui y est contenue » (Org. art. 24).

Qu'on n'oublie pas que le premier des principes gallicans est la supériorité du concile œcuménique sur le pape. Malgré cela, aucuns décrets des synodes même généraux « ne peuvent être publiés en France avant que le gouvernement en ait examiné la forme, leur conformité avec les lois, droits et franchises de la République française » (Org. art. 3). *A fortiori,* « aucun bulle, bref, rescrit, mandat, provision, signature servant de provision, ni autre expédition de la cour de Rome, même ne concernant que des particuliers, ne pourront être reçus, publiés, imprimés ni autrement mis à exécution sans l'autorisation du gouvernement » (Org. art. 1). Les évêques de France eux-mêmes ne peuvent se réunir pour délibérer sur les intérêts de l'église que si le gouvernement veut bien le leur permettre (Org. art. 4).

Et voilà le régime de liberté que paraissent regretter certains catholiques! Cependant, le tableau n'est pas complet encore. Il reste notre troisième proposition.

VI

3° *Le culte catholique est un service public de l'Etat français.* — Cette expression de *service public* est aujourd'hui courante dans la langue des publicistes et des économistes; mais le sens n'en est point toujours nettement précisé. Trois éléments me paraissent constituer le service public : 1° Une mission dont l'accomplissement est reconnu à un certain moment juridiquement obligatoire pour l'Etat, soit que l'Etat en ait assuré expressément l'obligation positive, ou que cette obligation soit comprise et voulue par la conscience générale ; 2° la participation constante et permanente à l'accomplissement de cette mission d'un certain nombre d'agents hiérarchisés et disciplinés qui sont proprement des *fonctionnaires* ; 3° enfin l'affectation, garantie par la loi, à l'accomplissement de cette mission d'une certaine quantité de richesse. Il n'est point difficile de montrer que ces trois éléments se retrouvaient dans l'organisation du culte en France avant la loi de séparation.

Que ce fût une obligation positive pour l'Etat d'assurer le fonctionnement du culte catholique, cela n'est point douteux. J'ai déjà parlé du décret du 2 novembre 1789 par lequel l'Assemblée nationale décrétait que tous les biens ecclésiastiques étaient à la disposition de la nation, à la charge par elle de pourvoir aux frais du culte et à l'entretien de ses ministres. Même engagement était pris dans l'art. 2 du titre V de la const. de 1791, que les orateurs catholiques ont bien souvent invoqué au moment de la discussion de la loi de 1905 : « Sous aucun prétexte les fonds nécessaires à l'acquittement de la dette nationale et au paiement de la liste civile ne pourront être ni refusés ni suspendus. Le traitement des ministres du culte catholique pensionnés, conservés en vertu des décrets de l'Assemblée nationale constituante, fait partie de la dette nationale ». Sous le Directoire le fonctionnement du culte n'est plus service public. Mais en l'an X, au dire de Portalis, dans son rapport au corps législatif sur le Concordat, il n'y a pas d'obligation qui s'impose plus étroitement aux gouvernants que celle d'assurer le fonctionnement d'un culte auquel appartient la majorité des citoyens. Par le concordat le gouvernement français contracte positivement cette obligation : « Le gouvernement assurera un traitement convenable aux évêques et aux curés dont les diocèses et les paroisses seront compris dans la circonscription nouvelle » (art. 14).

En même temps le pape déclarait « que ni lui ni ses successeurs ne troubleraient en aucune manière les acquéreurs de biens ecclésiastiques aliénés » (art. 13). Y avait-il là deux obligations corrélatives? On l'a soutenu. Je ne le crois pas. Le souverain pontife acceptait le fait accompli, la nationalisation des biens ecclésiastiques. Il acceptait en même temps que les ministres du culte catholique devinssent fonctionnaires du gouvernement français. Sans doute le gouvernement devait le traitement tant que le traité subsisterait. Mais la convention dénoncée et résiliée régulièrement, il ne doit point d'indemnité, pas plus qu'il n'en doit aux fonctionnaires quelconques dont il supprime l'emploi.

De fait, les ministres du culte reçoivent bien du Concordat lui-même la qualité de *fonctionnaires*. Jusqu'au décret du 5 septembre 1870, il existait un critérium, formel sans doute, mais commode, pour reconnaître les fonctionnaires ; c'était le serment politique. Il était imposé aux évêques et aux curés par les art. 6 et 7 du Concordat. Avant d'entrer en fonctions, évêques et curés doivent prêter le serment suivant : « Je jure et promets à Dieu sur les saints évangiles, de garder obéissance et fidélité au gouvernement établi par la constitution de la République française ».

Fonctionnaires français, les évêques sont placés sous l'autorité disciplinaire et hiérarchique du gouvernement et exclusivement du gouvernement. Le pape ne peut point adresser directement à ses évêques français des instructions ou des injonctions. Il ne peut point exercer son pouvoir de juridiction sur l'épiscopat français par l'intermédiaire d'un nonce, d'un légat, d'un commissaire apostolique. Un nonce est accrédité à Paris; il a les immunités diplomatiques; il est même toujours de droit le doyen du corps diplomatique; mais il peut seulement négocier avec le gouvernement, non point correspondre avec les évêques et dans le droit gallican, si le pape veut adresser des instructions ou des remontrances à un évêque, il doit demander par les voies diplomatiques au gouvernement de les transmettre.

Ainsi, quand en 1904 le gouvernement français protestait énergiquement contre les injonctions adressées directement de Rome aux évêques de Dijon et de Laval, on ne saurait contester qu'il fût dans la pure tradition gallicane et appliquât correctement les règles des Organiques.

Pour la mise en œuvre du pouvoir disciplinaire et hiérarchique du gouvernement, le législateur de l'an X a fait revivre, sous le nom de *recours pour abus*, en le modifiant pour l'adapter aux besoins nouveaux, la vieille institution de *l'appel comme d'abus*. Elle a eu dans l'ancien régime une longue et complexe histoire. L'abus était le terme de droit employé toutes les fois qu'il y avait, de la part d'un supérieur ecclésiastique, contravention aux canons reçus dans le royaume, excès de pouvoir ou atteinte aux libertés de l'église gallicane. L'appel comme d'abus était la voie de procédure inventée pour réprimer l'abus. Il était porté par l'intéressé ou par le procureur général devant le parlement, qui, s'il reconnaissait l'abus, renvoyait devant le tribunal ecclésiastique (Ord. de Villers-Cotterets 1539, art 6 ; et Edit de 1695, art. 37). D'ailleurs, théoriquement, la voie de l'appel comme d'abus était réciproque.

Comme autrefois l'appel comme d'abus, le recours pour abus peut être aussi formé depuis 1802 par l'ecclésiastique contre tout acte abusif de l'autorité civile. Mais il est surtout le moyen par lequel le gouvernement exerce son pouvoir disciplinaire et hiérarchique sur ses fonctionnaires ecclésiastiques. Ce n'est plus un appel parce que le recours n'est point porté devant une juridiction, mais devant le gouvernement lui-même statuant en conseil d'Etat ou plus exactement sur l'avis du conseil d'Etat, avis qui, en droit, ne le lie point. Les cas d'abus ecclésiastiques sont indiqués par l'art. 6 des Organiques dans une formule très large qui laisse toute latitude au gouvernement : « Usurpation ou excès de pouvoir, contravention aux lois et règlements de la République, violation des règles consacrées par les canons reçus en France, attentat aux libertés, franchises et coutumes de l'eglise gallicane et toute entreprise ou tout procédé qui, dans l'exercice du culte, peut compromettre l'honneur des citoyens, troubler arbitrairement leur conscience, dégénérer contre eux en oppression ou en injure ou en scandale public ».

La décision essentielle contenue dans le décret d'abus était une censure disciplinaire, un blâme solennellement infligé à l'auteur de l'acte. Mais le gouvernement pouvait-il annuler, supprimer l'acte abusif ? Le conseil d'Etat faisait une distinction très logique : si l'acte était étranger à l'exercice des pouvoirs spirituels, s'il était reconnu abusif comme entaché d'usurpation, d'excès de pouvoir, d'infraction aux lois, le décret d'abus en prononçait la suppression ; si, au contraire, l'acte était fait dans l'exercice des pouvoirs spirituels, mais reconnu abusif comme contraire aux canons reçus en France, le décret d'abus se bornait à le censurer (¹).

Le procédé du recours pour abus a paru souvent au gouvernement français insuffisant pour réprimer les écarts des ecclésiastiques. Aussi a-t-il parfois employé un autre moyen plus énergique : la suspension totale ou partielle du traitement. On s'est demandé si ce procédé était régulier. A mon sens, le doute n'est pas possible. De tout ce qui précède, il me semble découler à l'évidence que les ministres du culte catholique étaient bien vraiment des fonctionnaires. Or, le gouvernement peut toujours, par mesure disciplinaire, suspendre le traitement d'un fonctionnaire, sauf, bien entendu, les dispositions spéciales qui peuvent exister sur la discipline de telle catégorie de fonctionnaires. C'est, au reste, l'avis qui fut exprimé très nettement le 26 avril 1883, sur le rapport de M. Flourens, par le conseil d'Etat (²).

(¹) Cf. Laferrière, *Juridiction et contentieux*, 1896, II, p. 87 et suiv.

(²) *Rép. dr. adm.*, vᵒ *Cultes*, nᵒ 281. Rapp. cons. d'Etat (cont.), 1ᵉʳ fév. 1889.

Le troisième et dernier élément du service public est, ai-je dit, l'affectation aux besoins de ce service d'une certaine quantité de richesse. La législation qui réglait et garantissait cette affectation était extrêmement compliquée et l'on n'en peut indiquer que les lignes générales.

Toutes les églises métropolitaines, cathédrales, paroissiales et autres non aliénées, nécessaires au culte, avaient été remises par le Concordat à la disposition des évêques (art. 3; Org. art. 75 et 77). Ces textes, il est vrai, ont soulevé entre les juristes de très vives controverses, qui ont eu leur écho au parlement pendant la discussion de la loi de 1905. On se demandait quels étaient les vrais propriétaires des églises, les établissements ecclésiastiques rétablis ou l'Etat pour les églises cathédrales, les communes pour les autres, les établissements ecclésiastiques n'étant qu'usufruitiers. Cette dernière solution me paraît seule exacte. Mais, au demeurant, la question n'offrait pas d'intérêt. C'était à tort que les juristes voulaient faire rentrer dans les cadres rigides du droit privé une situation très complexe et en réalité nettement réglée par la loi. L'affectation au culte était garantie; les charges et les droits de l'Etat, des communes, des fabriques étaient fixés : qu'importe que l'on dût qualifier ces droits de propriété ou d'usufruit? Etait aussi sans intérêt la question très débattue de savoir si les églises faisaient partie du domaine public.

Les dépenses du culte étaient partagées entre l'Etat et les communes. L'Etat payait des traitements fixes; les communes pouvaient allouer des subventions sur leurs ressources ordinaires. Les curés recevaient en outre les oblations des fidèles suivant un tarif établi par l'évêque et approuvé par le préfet (Org. art. 5 et 68). Elles formaient ce qu'en langage ecclésiastique on appelait le casuel. Il était, dit-on, de 50.000 francs environ pour le curé de la Madeleine.

Les lois municipales avaient imposé aux communes certaines dépenses obligatoires : une indemnité de logement toutes les fois qu'il n'y avait pas de presbytère appartenant à la fabrique ou à la commune ; les grosses réparations de l'église, lorsque la fabrique établissait qu'elle n'avait pas de ressources suffisantes ou de revenus disponibles pour faire procéder à ces réparations (L. 5 avril 1884, art. 136, nᵒˢ 11 et 12).

Le législateur avait enfin garanti l'affectation de certaines richesses aux besoins du culte catholique par la création de personnes patrimoniales, qui étaient des *établissements publics*, précisément parce que leur patrimoine servait à l'entretien d'un service public. Les uns possédaient un patrimoine dont les revenus étaient destinés à améliorer la situation matérielle des titulaires ecclésiastiques : c'étaient les menses épiscopales et curiales, les chapitres, visés par l'art. 11 du Concordat et les art. 11 et 35 des Organiques, et les caisses de retraites des prêtres âgés ou infirmes. D'autres étaient chargés d'assurer le recrutement du clergé et l'instruction des clercs : c'étaient les séminaires visés par les art. 11 du Concordat et 11 des Organiques. Enfin, des établissements publics représentaient les intérêts des églises cathédrales, paroissiales et succursales ; c'étaient les fabriques, qui formaient comme les établissements ecclésiastiques types.

Les fabriques sont une institution très ancienne

dans l'organisation de l'église de France, et Durand de Maillane les définissait « le temporel affecté à l'entretien d'une église paroissiale, et aussi l'œuvre même et le corps des paroissiens (par conséquent corps laïque), préposés pour avoir soin des biens et des charges des fabriques » (¹). Rétablies par l'art. 76 des Organiques, les fabriques ont reçu leur organisation moderne du grand décret du 30 décembre 1809, modifié en quelques points de détail par l'ordonnance du 12 janvier 1825. Au moment de sa promulgation, ce décret a soulevé les protestations de l'église; mais il a été finalement accepté. Et cependant il plaçait les fabriques sous un contrôle étroit et incessant du pouvoir civil.

La première nomination d'une fabrique paroissiale appartenait au préfet et à l'évêque, avec une légère prééminence au profit de l'évêque. Une fois constituée, la fabrique se recrutait par cooptation. Le maire et le curé en faisaient partie de droit. La fabrique nommait dans son sein une commission, le bureau des marguillers, qui avaient des fonctions spéciales. Le conseil de fabrique administrait les biens de l'église; mais il ne pouvait faire aucune aliénation sans l'autorisation de l'autorité civile. Il était obligé de placer les fonds disponibles en rente sur l'Etat ou en obligations du Crédit foncier. La fabrique ne pouvait acquérir aucun immeuble, même à titre onéreux, qu'avec l'autorisation du gouvernement. Elle pouvait recevoir des dons et legs, même à titre de fondations. Par l'art. 15 du C ncordat, le gouvernement s'était engagé à prendre des

_____

(¹) *Dictionnaire de droit canonique, v° Fabriques.*

mesures pour que les catholiques français pussent faire des fondations en faveur des églises. Mais ces dons et legs ne pouvaient jamais être acceptés par les fabriques qu'avec l'autorisation du gouvernement (C. civil, art. 918; Loi 2 janvier 1817 et Ord. 2 avril 1817; Déc. 15 février 1862). La loi du 4 février 1901, qui simplifiait les formalités d'acceptation pour les établissements publics en général, maintenait (art. 6) toutes les dispositions antérieures relatives aux établissements publics du culte. En outre, depuis quelques années, la jurisprudence du conseil d'Etat appliquait avec une très grande rigueur le principe de la spécialité des personnes administratives et refusait l'autorisation d'acceptation pour toute libéralité qui ne correspondait pas exactement au but de la fabrique. Enfin, des abus s'étant introduits dans l'établissement des comptes des fabriques, l'art. 78 de la loi des finances du 26 janvier 1892, avait expressément soumis, à partir du 1er janvier 1893, les comptes et budgets des fabriques à toutes les règles de comptabilité des autres établissements publics. Cette loi et les décrets du 27 mars 1893 et du 18 juin 1898 provoquèrent de la part de certains évêques des protestations aussi vaines que peu justifiées.

VII

Par ces quelques développements, il nous semble bien avoir établi nos trois propositions : en régime concordataire, la religion catholique était religion d'Etat; l'église catholique de France était église nationale; le culte catholique était service public. Or un pareil régime était en contradiction violente avec les

principes de l'Etat moderne et avec la structure interne
de l'église catholique à notre époque.

Le premier point ne demande pas de développement. La neutralité de l'Etat en matière religieuse ne
saurait être sérieusement contestée. Sans doute Pie X
et Léon XIII l'ont condamnée. Dans l'encyclique
Vehementer nos (11 février 1906), Pie X protestait
contre la loi du 9 décembre, qui, « basée sur le principe que l'Etat ne doit reconnaître aucun culte religieux, est tout d'abord très gravement injurieuse pour
Dieu ». Dans l'encyclique *Immortale Dei* (1er novembre
1885). Léon XIII avait dit : « Les sociétés humaines
ne peuvent pas sans devenir criminelles se conduire
comme si Dieu n'existait pas... Quant à l'église, qui a
Dieu lui-même pour auteur, l'exclure de la vie active
de la nation..., c'est commettre une grande et perni-
cieuse erreur ». C'est là une doctrine théocratique que
ne saurait assurément accepter aucun Etat moderne.

Il ne peut accepter davantage qu'un culte quelccn-
que soit un service public, aux frais duquel se trouvent
obligés de concourir, pour leur part d'impôt, tous les
citoyens croyants ou incroyants, fidèles ou hérétiques.
Sans doute il y a bien des services publics dont beaucoup de Français supportent les charges sans en tirer
d'avantages directs. Mais cette obligation n'est point
une atteinte à leur liberté de conscience.

J'arrive à ce qui est le fond et la conclusion même
de cette conférence. L'église catholique est parvenue
aujourd'hui à un moment de son histoire où, par suite
de sa structure interne, elle ne peut accepter, sans se
nier elle-même, ni que son culte constitue dans un
Etat un service public, ni que l'église d'un pays, tout

en reconnaissant la primauté romaine, forme une
église nationale. Or c'étaient là deux éléments essentiels du régime concordataire.

Le grand fait qui a marqué un moment solennel dans
l'histoire du catholicisme est la définition du dogme
de l'infaillibilité pontificale par le concile du Vatican
et sa proclamation par le pape Pie IX le 18 juillet 1870.
Je sais bien que d'après les théologiens le dogme de
l'infaillibilité pontificale se réduit à ceci, que le pape ne
peut jamais errer lorsque, parlant librement, *ex cathedra*, c'est-à-dire en s'adressant à l'église universelle,
comme docteur suprême, il définit une doctrine rela-
tive à la foi ou aux mœurs, la déclare partie inté-
grante de la vérité révélée, exige pour elle la soumis-
sion de la foi en notant d'hérésie l'opinion contraire.
Le pape est infaillible seulement quand il *enseigne* ; il
ne l'est pas quand il *commande*. C'était la doctrine très
nette de Bellarmin (¹).

Au reste, voici le texte même du décret : « Nous
enseignons et définissons, *sacro approbante concilio*,
que c'est un dogme divinement révélé, savoir : que le
pontife romain, lorsqu'il parle *ex cathedra*, c'est-à-dire
lorsque, remplissant la charge de pasteur et de docteur de tous les chrétiens, en vertu de sa suprême
autorité apostolique, il définit qu'une doctrine sur la
foi ou les mœurs doit être crue par l'église universelle, jouit pleinement, par l'assistance divine qui lui a
été promise dans la personne du bienheureux Pierre,

(¹) *De romani pontificis ecclesiastica hierarchia*, liv. IV, chap. IV
et XIV. Cf. Emile Ollivier, *L'église et l'Etat au concile du Vatican*, 1879, I, p. 185 et suiv.

de cette infaillibilité dont le divin Rédempteur a voulu que son église fût pourvue en définissant la doctrine touchant la foi ou les mœurs ; et, par conséquent, que *de telles définitions du pontife romain sont d'elles-mêmes irréformables, et non en vertu du consentement de l'église*. Que si quelqu'un, ce qu'à Dieu ne plaise, avait la témérité de contredire notre définition, qu'il soit anathème ».

En réalité, la proclamation du dogme de l'infaillibilité allait beaucoup plus loin. D'abord, je remarque la partie finale du décret : « Par conséquent que de telles définitions du pontife romain sont d'elles-mêmes *irréformables et non en vertu du consentement de l'église* », formule répondant mot par mot à l'art. 4 de la Déclaration gallicane (1682) : « Quoique le pape ait la principale part dans les questions de foi et que ses décrets regardent toutes les églises et chaque église en particulier, *son jugement n'est point irréformable à moins que le consentement de l'église n'intervienne* ». L'acte de 1870 est ainsi la condamnation expresse et directe du premier des principes gallicans, duquel dérivaient tous les autres, la supériorité du concile général sur le pape. Le gallicanisme devient une hérésie ; et l'église gallicane est supprimée. Or, si, comme on croit l'avoir prouvé, le régime concordataire impliquait la reconnaissance de l'église gallicane, c'était la condamnation du régime lui-même.

M. Debidour (¹) fait observer que le clergé de l'ancien régime était gallican et le clergé moderne au contraire ultramontain. Il en trouve la cause dans la

(¹) *Histoire des rapports de l'église et de l'État*, p. 227.

législation napoléonienne qui a *fonctionnarisé* outre
mesure les ministres du culte. Telle n'est point, à mon
sens, la vraie raison. L'ultramontanisme n'est devenu
général qu'après 1870, au moment où le gallicanisme
a été solennellement condamné; et les clercs sont
ultramontains pour ne point être hérétiques.

Ce n'est pas tout : la proclamation de l'infaillibilité
a été la consécration d'une certaine forme de gouvernement dans l'église. Elle a été le triomphe de l'effort
séculaire qu'a poursuivi la papauté pour écarter suc-
cessivement du gouvernement de l'église les laïques
d'abord, les prêtres ensuite, et enfin les évêques eux-
mêmes, pour anéantir toutes les églises locales, pour
substituer à une fédération d'églises particulières une
grande monarchie unifiée et centralisée sous l'autorité suprême et sans contrepoids du pontife romain.
Théoriquement on peut bien distinguer l'*enseignement*
et l'*autorité* ; historiquement et en fait la distinction
est impossible. Si le pape est *infaillible* quand il enseigne, il ne peut pas ne pas être *tout puissant* quand il
commande. Le théoricien classique de l'infaillibilité,
Bellarmin, le reconnaissait déjà quand il écrivait:
« Le pape possède une juridiction pleine, universelle,
ordinaire, immédiate sur tous les diocèses. Seul parmi
les successeurs des apôtres, il a conservé le privilège
exceptionnel par lequel ceux-ci ont reçu directement
de Jésus-Christ leur pouvoir d'ordre et de juridiction.
Sans doute les autres évêques ne sont pas de simples vicaires ou délégués ; ce sont de véritables princes ; leur caractère est d'origine divine. Mais à la diffé-
rence des apôtres dont ils sont les successeurs, par la
consécration, ils ne reçoivent *immédiatement* de Dieu

que l'*ordre;* la juridiction leur arrive *médiatement*
par l'intermédiaire du pontife romain et *sous la condition de lui être soumis* » (¹).

Dès lors, l'antinomie entre le régime concordataire
et la structure de l'église apparaît évidente et tout
entière. Si le pape concentre en sa personne toute la
puissance de juridiction, si les évêques reçoivent leur
juridiction de Dieu par l'intermédiaire du pape, si le
pontife romain est le chef souverain et infaillible de
l'église universelle, les églises nationales et autono-
mes disparaissent. Un régime d'organisation cultuelle
dans lequel le gouvernement civil nommait les évêques et agréait les curés, dans lequel le pape infaillible et souverain ne pouvait publier aucun acte de sa
charge apostolique, adresser aucune injonction à ses
subordonnés, sans l'agrément du pouvoir civil; un
régime dans lequel la gestion des biens ecclésiastiques
était placée sous le contrôle étroit de l'autorité laïque, un pareil régime était une antinomie en soi et ne
pouvait subsister. Il est aujourd'hui un passé mort que
rien ne pourrait faire revivre.

Mais qu'on le veuille ou non, la formation de l'église
catholique romaine a été un fait capital dans l'histoire
de l'humanité; et encore aujourd'hui, avec ses dogmes,
sa discipline et sa hiérarchie, l'église catholique occupe
dans le monde une place de premier ordre; elle compte
partout et particulièrement en France des millions de
fidèles et, si je puis ainsi parler, la France a été *pétrie*
de catholicisme. Ce sont là des faits qu'un homme

(¹) Bellarmin, *Romani pontificis ecclesiastica hierarchia,* liv.
IV, chap. II.

d'Etat, digne de ce nom, ne peut ignorer ni méconnaître. Le législateur français l'a-t-il compris? A-t-il jeté
dans la loi de 1905 le germe d'une organisation future,
assurant aux catholiques le libre exercice de leur culte
et donnant la paix religieuse au pays? Grave question
qu'étudiera, dans une prochaine conférence, mon col-
lègue et ami Saleilles (¹). Nul ne saurait le faire avec
plus de savoir et d'autorité.

Paris, 13 mars 1907.

(¹) V. la conférence de M. Saleilles, *Revue des institutions cul-
tuelles,* n° d'avril 1907.

29,787. — Bordeaux, Y. Cadoret, impr.

www.ingramcontent.com/pod-product-compliance
Ingram Content Group UK Ltd.
Pitfield, Milton Keynes, MK11 3LW, UK
UKHW022349120726
13694UKWH00004B/1772